W0350548

Für die Zeit bis zu deiner Erstkommunion gibt es jede Woche zwei Übungen zum Beten.

Keine Übung soll länger als 10 Minuten dauern. Wenn du magst, kannst du die gleiche Übung nicht nur einmal machen, sondern am nächsten Tag noch mal.

Immer, wenn du etwas nicht verstehst oder wenn etwas nicht so funktioniert, wie es da steht, kannst du dir Hilfe holen: bei deinen Eltern, bei deiner Gruppenleiterin/deinem Gruppenleiter, bei deiner Relilehrerin/deinem Relilehrer, bei den Seelsorgerinnen und Seelsorgern in deiner Pfarrei, beim Pfarrer.

Besonders wichtig ist es, dir Hilfe zu holen, wenn sich etwas blöd anfühlt oder wenn etwas dich klein und fertig machen will. So etwas will Gott für seine kleinen Freundinnen und Freunde nämlich nicht.

Und jetzt: Fang einfach an mit der ersten Übung.

Als Erstes brauchst du einen **Platz zum Üben.**

Den gibt es wahrscheinlich in eurer Wohnung noch nicht. Also musst du ihn erfinden.

Es muss ein Platz sein, wo du mal ein paar Minuten allein sein kannst. Es muss dort genug Platz sein, dass du auf dem Boden sitzen kannst.

Die Übung heute ist, deinen Platz zu suchen.

Dein Platz fürs Üben ist wahrscheinlich noch nicht irgendwie besonders.

Damit es dein Platz für das Üben ist, kannst du ein **Bild von Jesus** aufhängen oder ein Kreuz.

Wenn ihr zu Hause kein Bild habt, kannst du auch **eines malen.** In deinem Religionsbuch aus der Schule findest du Vorbilder.

Vielleicht willst du deinen Platz auch sonst noch schmücken und schön machen.

Das ist die Übung für heute. Wenn du Ideen oder Unterstützung brauchst, helfen dir deine Eltern sicher.

Heute musst du mit deiner Familie, vor allem auch mit deinen Geschwistern reden.

Du musst ihnen erklären, wozu du den Platz brauchst: um zu üben, als Gottes Freund oder Freundin zu leben. Du musst ihnen klar machen, dass du an diesem Platz nicht gestört werden willst.

Das ist die Übung für heute.

Jetzt geht es an deinem Platz los. Du übst zuerst, **eine kleine Weile einfach nur stillzuhalten.** Das ist gar nicht so einfach.

So kannst du es versuchen: Du stellst dich an deinen Platz. Du streckst den Arm, mit dem du schreibst, nach vorne.

Dann malst du mit dem Arm eine liegende Acht in die Luft. Und dann noch einmal. Langsam und ganz aufmerksam.

Und noch einmal die liegende Acht – ganz, ganz langsam, so langsam wie du kannst.

Und noch einmal.

Heute übst du **wieder mit der liegenden Acht** – wie letztes Mal. Vier- oder fünfmal hintereinander malst du ganz langsam die liegende Acht in die Luft.

Und dann versuchst du gar nichts zu machen.

Vielleicht hilft es dir, dabei einen **kleinen runden Gegenstand** in die Hand zu nehmen. Sehr gut geeignet ist ein großer Kieselstein oder eine ganz große Murmel.

Ob du es wohl eine Minute schaffst, gar nichts zu machen? Oder sogar zwei? Vielleicht hilft dir jemand aus deiner Familie und schaut auf die Uhr.

Diesmal **setzt du dich an deinem Platz** auf den Boden. Probier mal aus, wie du gut sitzen kannst.

Mach nochmal die gleiche Übung mit der langsamen, **liegenden Acht.** Jetzt kannst du es sicher schon viel besser.

Wenn du magst, nimmst du wieder den **Gegenstand** in die Hand. Dann machst du gar nichts. So lange wie es eben geht - eine oder zwei Minuten.

Probier mal aus, ob es **mit geschlossenen Augen** leichter ist.

Gott wartet an deinem Platz auf dich. Du kannst ihn nicht mit den Augen sehen. Du kannst ihn nicht mit den Ohren hören. Er ist trotzdem da. Und er lässt sich entdecken.

Fang deine Übung wieder im Sitzen mit den **liegenden Achten** an. Ganz langsam und aufmerksam.

In der Stille anschließend kannst du **Gott begrüßen.** Am besten machst du das so, wie du auch deine Freunde begrüßt. Du kannst **laut sprechen oder leise** nur in deinem Kopf.

Übrigens: Gott versteht nicht nur Hochdeutsch – kein Problem.

Kannst du eigentlich in die Stille kommen, ohne die liegenden Achten? Probier mal.

Wenn es dir noch schwerfällt, dann benutze ruhig weiter die Hilfsmittel: die liegenden, langsamen Achten und den Gegenstand in der Hand. Oder versuch mal auf das **leiseste Geräusch** hinzuhören, das du gerade eben noch hören kannst.

Geht es eigentlich mit geschlossenen Augen besser oder schlechter?

Dann kannst du wieder **Gott begrüßen.** Gott ist ja schon da und wartet auf dich.

Diesmal versuch auch **eine Bewegung zur Begrüßung** zu machen. Du kannst winken oder lächeln oder mit dem Kopf nicken oder etwas anderes. Schau mal, was für dich passt.

Beginne die Übung in der Stille. Wie du da hinkommst, hast du ja schon oft geübt. Mach es so, wie es für dich am leichtesten geht.

Dann kannst du Gott begrüßen. Zuerst mit deiner Bewegung und deinen Worten.

In der Kirche gibt es noch eine bestimmte Bewegung, um Gott zu begrüßen: das **Kreuzzeichen.** Mit der rechten Hand an die Stirn, an den Bauch, an die linke Schulter und an die rechte Schulter.

Das kannst du jetzt üben. **Langsam und aufmerksam** – so aufmerksam, wie am Anfang die liegenden Achten. Mach es ruhig ein paar Mal hintereinander.

Und denk dran: Es geht nicht darum, möglichst schnell fertig zu werden.

Beginne die Übung in der Stille. Dann begrüßt du Gott. Diesmal zuerst mit dem Kreuzzeichen.

Zum Kreuzzeichen gehören die Worte:
Im Namen des Vaters (Hand an der Stirn)
und des Sohnes (Hand am Bauch)
und des Heiligen Geistes (Hand erst links, dann rechts an der Schulter).

Dann kannst du Gott auch noch mit deinen Worten und deiner Bewegung begrüßen. So, wie du deine Freunde oder Freundinnen begrüßt.

Schalom
Friede

1 Beginne die erste Übung wie immer in der Stille. Dann begrüßt du Gott. Mit dem Kreuzzeichen und den Worten: Im Namen des Vaters und des Sohnes und des Heiligen Geistes. Dann mit deinen eigenen Worten und deiner Bewegung.

Danach versuch mal, noch **eine oder zwei Minuten gar nichts zu machen.** Gott braucht doch auch Zeit, um dich zu begrüßen.

2 Beginne die Übung wie immer in der Stille. Dann begrüßt du Gott. Und lässt Gott Zeit, dich zu begrüßen.

In der Bibel steht, dass Jesus seine Freunde in seiner Sprache damals mit **„Schalom“** begrüßt hat. Das heißt auf Deutsch: „Friede“. Es bedeutet: „Es soll dir gut gehen. Hab keine Angst. Ich mag dich gern.“

Versuch dir vorzustellen, dass **Gott jetzt zu dir sagt: „Friede. Es soll dir gut gehen. Hab keine Angst. Ich mag dich gern.“**

Bleib eine kleine Weile bei dieser Vorstellung.

1 Beginne die Übung wie immer in Stille und mit der Begrüßung. Gott begrüßt dich mit: „Friede. Es soll dir gut gehen. Hab keine Angst. Ich mag dich gern."

Heute geht es darum, noch besser zu spüren, wie sich das anfühlt.

Dazu brauchst du deine Phantasie. Mit geschlossenen Augen geht das besser. **Du kannst dir vorstellen, es ist Sommer.** Du bist draußen. Die Sonne scheint. Du lässt dir die Sonne ins Gesicht scheinen. Ganz warm ist es und hell. So richtig zum Wohlfühlen. Spürst du das – in deiner Phantasie? Oder sogar ein bisschen wirklich, obwohl doch jetzt gar nicht Sommer ist?

2 Du beginnst wie jedes Mal. Du begrüßt Gott und er begrüßt dich. Versuch mal das **warme, helle Wohlfühlen** aus der letzten Übung wieder in dir zu finden. So ist es, wenn Gott sagt: „Friede. Es soll dir gut gehen. Hab keine Angst. Ich mag dich gern."

Versuch mal eine Minute dabei zu bleiben und sonst gar nichts zu machen.

Einfach toll: **Gott meint es ganz, ganz gut mit dir.**

Heute brauchst du wieder deine Phantasie für die Übung. Ich erzähle dir eine Jesus-Geschichte. **Erst lesen; dann beginnst du die Übung wie immer.**

Zuerst kommt die Begrüßung. Dann kannst du dir die Geschichte in der Phantasie vorstellen. Am besten geht das mit geschlossenen Augen. Du machst dir einfach dein eigenes Fernsehen im Kopf. Wenn es heute nicht klappt, dann versuch es morgen noch einmal.

Die **Geschichte** geht so:

Jesus hatte Streit mit den Erwachsenen. Sie hatten unterschiedliche Meinungen darüber, wen Gott besonders lieb hat. Da geht Jesus von den Erwachsenen weg. Er sagt zu einem Kind, es soll mit ihm kommen. Mit dem Kind geht er zurück zu den Erwachsenen.
Er sagt: „Wenn ihr nicht werdet wie Kinder, könnt ihr nicht zu Gott kommen. **Dieses Kind – jedes Kind – hat Gott besonders lieb.“**

Nach dem schon so oft geübten Beginn brauchst du heute wieder deine Phantasie. Stell dir die gleiche Geschichte noch einmal vor. **Aber diesmal bist du das Kind.** Du kannst mit deiner Phantasie einfach hineinschlüpfen.

Dadurch „siehst" du das, was passiert, von einem anderen Platz aus. Jesus spricht erst mit einigen Erwachsenen. Du siehst, dass sie sich aufregen, kannst aber wahrscheinlich wie so oft nicht verstehen, um was es geht.

Dann kommt Jesus zu dir. Und **Jesus sagt zu dir: „Dich hat Gott besonders lieb.** Komm mal mit zu den Erwachsenen. Ich will denen erklären, wer für Gott der wichtigste ist. Kinder wie du nämlich."

Lass dir und Gott wenigstens eine Minute Zeit für die Geschichte.

Kannst du sagen, **wie sich das in dir drin anfühlt?**

Ganz schön lange übst du schon. Toll! Du hast echt Ausdauer. Sicher ging es mal leichter, mal auch nicht so gut. Das ist normal und bei allen so.

Blättere heute noch mal in deinem Heft und **erinnere dich, wie es dir ergangen ist:** am Anfang mit den liegenden Achten, mit der Begrüßung, mit den Phantasieübungen jetzt zuletzt und mit der Jesusgeschichte.

Wenn du möchtest, hilft dir sicher jemand von deinen Eltern beim Erinnern.

2 Diesmal ist keine Übung vorgesehen. Deine Gruppenleiterin hat dir sicher schon erzählt, dass ihr diese Woche jeder kurz allein **mit dem Pfarrer reden dürft.** Keine Angst, der ist ganz nett. Und außerdem: Gott hat dich ganz besonders lieb.

Bei dem Gespräch geht es darum, dass du **dem Pfarrer erzählst, wie du beten übst.**

Natürlich kannst du ihn auch fragen, wie er beten übt.

1

Hoppla! Eine Woche nicht geübt, und schon ist es wieder ein bisschen schwieriger geworden.

Beginne also in der **Stille. Begrüße Gott mit dem Kreuzzeichen und mit deinen Worten und lass ihm Zeit, dich zu begrüßen.** Er sagt: „Friede." Und: „Dich habe ich ganz besonders lieb."

Lasst euch beiden eine Minute Zeit dafür (oder schaffst du zwei?), in der du gar nichts anderes machst.

2

Du beginnst wieder, wie du es geübt hast. Mit deinen Freunden sagst du auch nicht immer nur: Hallo – und tschüss. Ihr erzählt auch miteinander. Um noch ein wenig mehr Gottes Freund oder Freundin zu werden, kannst du es bei ihm genauso machen.

Was war heute ganz schön für dich? Gab es heute etwas Tolles? Oder vielleicht ist heute was gerade noch mal gut gegangen.

Vielleicht geht es auch leichter, wenn du **etwas – ein Bild, ein Ding, einen Zettel, der dich an das Schöne erinnert – in deine Übungszeit mitbringst.**

Du kannst dir sogar ein **Schatzkästchen** besorgen, in dem du Erinnerungsstücke an besonders schöne Erlebnisse aufbewahrst.

Wenn du Gott davon erzählst, kannst du reden, wie mit deinem besten Freund oder deiner besten Freundin.
So versteht dich Gott am allerbesten.

1 **D**u beginnst wieder wie gewohnt.

Dann kannst du **Gott etwas erzählen, was heute gut für dich war.** Erzähl ihm wie einem guten Freund oder einer guten Freundin.

Und dann versuch eine oder **zwei Minuten gar nichts zu machen.** Vielleicht möchte Gott auch etwas sagen.

Du weißt ja, Gott spricht nicht so wie dein Freund oder deine Freundin mit dir. Du kannst ihn nicht mit den Ohren hören. **Manchmal aber spürt man ihn in sich drinnen.**

2 Gott in sich drinnen zu spüren, das ist ganz schön schwierig. Vielleicht braucht es ziemlich viel Geduld und du musst ganz aufmerksam sein. Mach deshalb **die gleiche Übung noch einmal.**

Du beginnst, wie du es geübt hast. Dann erzählst du Gott etwas Schönes, das du erlebt hast. Wenn du magst, nimmst du dein Schatzkästchen zu Hilfe.

Wichtig ist, **Gott jetzt ein bisschen Zeit zu lassen.** Schließlich ist Gott kein Kaugummiautomat, wo sofort etwas rauskommt, wenn du Geld rein wirfst. Ob und wie Gott sich entdecken lässt, ist seine Sache.

1 Diese Übungen sind wirklich nicht einfach. **Üb' noch einmal in der gleichen Weise.**

Vielleicht bist du dir nicht so sicher, ob Gott sich entdecken lässt. Vielleicht kannst du nicht so recht sagen, wie sich das anfühlt. Vielleicht suchst du auch an der falschen Stelle. Aber vielleicht ist auch alles klar.

Erzähl mal einem von deinen Eltern oder deiner Gruppenleiterin, wie sich das Warten auf Gott anfühlt. Vielleicht können sie dir einen Tipp geben.

2 Ob und wie Gott sich entdecken lässt, ist seine Sache. Du kannst ihm da keine Befehle geben.

Üb' noch einmal so, dass du ihm etwas Gutes von dir erzählst. Falls du eine Schatzkiste hast, kannst du sie auch mal wieder aufmachen und nachschauen, was da alles drin ist.

Dann lass Gott Zeit, damit er sich vielleicht in dir entdecken lässt.

Nach einer oder zwei Minuten sagst du ihm dann Danke. **Danke für das Gute,** das heute war. **Danke für das Schöne,** an das dich deine Schätze erinnert haben.

Versuch mal, nicht nur ein Wort zu sagen, sondern einen richtigen Satz zu machen.

Leider gibt es nicht nur Schönes und Angenehmes. Sicher gibt es auch immer wieder blöde Sachen, Streit und Gemeinheiten. **Manchmal bist du auch traurig oder es tut dir etwas weh.**

Auch das kannst du Gott erzählen.

Aber Achtung! Immer **in der richtigen Reihenfolge.** Erst begrüßen, dann etwas Schönes suchen und erzählen, dann erst kommen die anderen, die blöden Sachen dran.

Und dann braucht es wie immer eine oder zwei Minuten, damit sich Gott vielleicht entdecken lässt.

2 Üb' heute wieder in der gleichen Weise: **Erst etwas Gutes** von heute erzählen, **dann die blöden Sachen,** Streit, das, was traurig macht oder weh tut.

Mit den miesen Sachen kannst du es genauso machen, wie mit den schönen: Du kannst **etwas mitbringen,** was dich daran erinnert. Natürlich kommt das dann nicht in die Schatzkiste.

Nach dem Erzählen kommt die Stille, in der sich Gott vielleicht entdecken lässt.

Ist dir im Moment mehr nach Danke sagen oder mehr nach **Jammern** zu Mute? Versuch wieder, nicht nur ein Wort zu sagen, sondern einen richtigen Satz zu machen. Vielleicht schaffst du sogar zwei Sätze.

1

Es gibt **ganz verschiedene Arten, mit Gott zu sprechen.** Drei hast du schon ausprobiert: erzählen, danken und jammern.

Du kannst dich aber auch beschweren oder du kannst bitte sagen.

Erzähl Gott wieder, was du heute alles erlebt hast. Dann kommt wie immer die **Stille,** in der sich Gott vielleicht entdecken lässt.

Dann überlegst du dir, **welche Art, mit Gott zu reden, jetzt für dich passt.** Vielleicht braucht es auch zwei Arten nacheinander, zum Beispiel: jammern und bitte sagen. Oder: sich beschweren und danke sagen.

---

2 Inzwischen bist du schon ziemlich geübt. Ich glaube fast, ich muss dir nicht mehr jedes Mal sagen, wie du beginnen musst: Mit Stille und Begrüßung und Erzählen, wie mit deinem besten Freund oder deiner besten Freundin. Das kannst du schon ganz alleine.

Noch eine Art mit Gott zu reden, gibt es: **das Loben.** So wie dich deine Eltern loben, wenn du etwas gut gemacht hast.

Du kannst heute wieder so üben, wie die letzten Male. Gott begrüßen, ihm von dir erzählen, Gott in dir spüren versuchen, danken oder jammern oder dich beschweren oder bitten.

Und dann als Letztes: **Gott loben. Wofür? Dafür, dass er Gott ist.** Oder dafür, dass er dich ganz besonders lieb hat. Oder dafür, dass er sich immer wieder entdecken lässt. Oder ...

1 **B**evor du heute an deinen Platz gehst, geh doch mal los und **such dir eine oder zwei Sachen, für die du Gott loben möchtest.**

Das kann etwas aus der Natur sein oder das können Menschen sein, die du lieb hast, oder ein Spielzeug, das dir zur Zeit viel Freude macht.

Und das bring mit zu deinem Platz. Deine Eltern lassen sich vielleicht darauf ein, mit dir zu kommen und dort still zu sitzen. Von anderen Menschen brauchst du wohl eher ein Foto oder ein Bild, das du selber malst.

Und dann versuch es mit dem **Gott Loben** noch einmal.

2 **D**u kannst **Gott loben für alles** das, was er so macht. Ein ganz erfahrener Gebets-Übender hat einmal gesagt: „Gott strengt sich mit allem auf der Welt an und gibt sich richtig viel Mühe – extra für dich.“

Vielleicht kannst du etwas von heute **entdecken, mit dem Gott sich extra für dich Mühe gegeben hat.**

Und ihn dafür loben.

Nun hast du schon ganz viele Arten, mit Gott zu sprechen, geübt: begrüßen, erzählen, danken, bitten, jammern, sich beschweren, loben.

Und du hast sicher auch festgestellt, dass sich Gott ganz unterschiedlich entdecken lässt: mal scheinbar gar nicht, mal scheint er eher zu loben, mal scheint er eher zu bitten, mal eher zu trösten.

Du kannst ihm sogar sagen, was dir von ihm jetzt gerade heute am wichtigsten wäre: Gleich nach der Begrüßung **darfst du dir wünschen, wie er heute für dich da sein soll:**

Als einer, der dich tröstet.
Als einer, der dich lobt.
Als einer, der dir sagt,
du schaffst es schon.
Als einer, der dir hilft .

Oder noch ganz anders.

Üb’ heute noch einmal **Wünschen: Gleich nach der Begrüßung,** noch bevor du von dir erzählst und bittest, lobst, jammerst oder was auch immer.

„Heute möchte ich, dass du so ... für mich da bist und dich entdecken lässt.
So ... brauche ich dich heute.“
(Diese Sätze kannst du vervollständigen,
so wie es heute für dich passt.)

Du hast inzwischen **schon so viel Erfahrung mit Gott,** dass du weißt: Manchmal hält er sich an das, was wir uns wünschen, mal scheint er auch gar nicht zu antworten, mal überrascht er einen auch.

Eine wichtige Art zu sprechen fehlt dir bei deinen Übungen noch.

Manchmal, das kennst du mit deinen Freunden oder Freundinnen oder mit deinen Eltern, musst du **auch mal was zugeben.** Etwas, das du angestellt, vergessen oder kaputt gemacht hast. Das ist immer eine ganz schöne Überwindung. Und peinlich ist es auch ein bisschen.

Überleg mal, ob es in den letzten Tagen etwas gab, was eigentlich zugegeben werden müsste, und **üb' auch diese Art mit Gott zu reden: das Zugeben.**

2 Wieso sollst du eigentlich **Gott etwas zugeben?** Er war doch gar nicht dabei, er hat es nicht abgekriegt, ihm ist nichts kaputt gegangen.

Allerdings: Gott hat nicht nur dich so ganz toll lieb, sondern auch die anderen Menschen um dich herum und die Tiere und die Pflanzen und alles.

Wenn jemand gemein zu deiner Freundin oder deinem Freund ist, dann bist du manchmal auch ganz schön sauer. So ähnlich kannst du dir das auch bei Gott vorstellen. **Gott ist auf deiner Seite, aber auch auf der Seite von den anderen.** Er ist mit dir traurig, wenn es dir schlecht geht, aber auch mit den anderen.

Versuch, das mit dem Zugeben noch einmal zu üben.

1 **E**s wird Zeit, mal wieder **anzuhalten** und zu schauen, wie es dir so bisher gegangen ist beim Üben. Du hast echt Ausdauer und bist schon ein richtiger Profi.

Sicher ging es mal leichter, mal auch nicht so gut. Das ist normal und bei allen so. **Blättere** heute noch mal in deinem Heft und **erinnere dich,** wie es dir ergangen ist mit den verschiedenen Arten mit Gott zu reden.

Fällst es dir inzwischen eigentlich leichter oder schwerer?

Wenn du möchtest, hilft dir sicher jemand von deinen Eltern beim Erinnern.

2 **D**iesmal ist keine Übung vorgesehen. Deine Gruppenleiterin hat dir sicher schon erzählt, dass ihr wieder jeder allein kurz mit **dem Pfarrer reden** dürft. Du weißt ja schon vom letzten Mal: Der ist ganz nett.

Diesmal geht es vor allem um das Zugeben. Beichte heißt das, und ihr habt in der Gruppenstunde sicher eine ganze Menge darüber erfahren.

Du kannst also dem Pfarrer erzählen, wie es dir geht, was dir wichtig ist und was eigentlich zuzugeben wäre.

Der Pfarrer sagt dir dann ganz feierlich, dass **Gott dich entschuldigt.** Er sagt, dass Gott möchte, dass es dir gut geht und dass er dein Freund ist.

Das sagt der Pfarrer immer. Da kannst du dich darauf verlassen. Und vielleicht gibt er dir auch noch einen Tipp ...

Ich hoffe, die Beichte war ein tolles Erlebnis für dich. Eigentlich ganz schön gut, gesagt zu bekommen, dass **alles wieder ok ist.** Niemand hindert dich übrigens daran, später wieder einmal beichten zu gehen, wenn was eigentlich zugegeben werden müsste. Dafür ist der Pfarrer da.

Heute kannst du die **Übungen wieder ganz normal weitermachen:** begrüßen, wünschen, erzählen.

Und dann: bitten, danken, loben, jammern, sich beschweren, zugeben – je nachdem, wie es dir geht.

Beten üben heißt auch: **schauen, was Gott so alles gemacht hat.** Was Gott so alles gemacht hat – das weißt du schon –, das steht in der Bibel.

Also brauchst du für die nächsten Übungen **eine Bibel.** Wahrscheinlich habt ihr eine zu Hause.

Die Bibel ist ein unglaublich dickes Buch, ziemlich klein geschrieben und für deinen Geschmack vielleicht mit viel zu wenigen Bildern. Klar, das ist ja eigentlich kein Kinderbuch. Es ist das Buch, in dem die Juden und später die Christen alles aufgeschrieben haben, was sie mit Gott Wichtiges erlebt haben.

Dein Vater oder deine Mutter sollen dir helfen, dich zurecht zu finden. Das ist auch schon die Übung heute: **Sucht einmal gemeinsam die vier Evangelien – Matthäus, Markus, Lukas und Johannes. Das sind die Geschichten von Jesus.** Lest einander jedes Mal die ersten paar Zeilen vor.

Als **Jesusgeschichte** für heute schlage ich dir vor: Joh 1,35–39 (diese Angaben bedeuten: Johannesevangelium, 1. Kapitel, Verse 35 bis 39). Findest du das schon alleine? Wenn nicht, du weißt ja, wer bei euch fürs Helfen zuständig ist.

Zuerst liest du die Sätze zweimal laut vor.

Johannes ist einer, der von Gott erzählt. Jesus hat sich gerade von ihm taufen lassen. „Jünger" ist ein altes Wort für Schüler oder Fans. Dass Johannes so altmodisch redet, wenn er von Jesus sagt: „Das ist das Lamm Gottes", braucht dich nicht zu stören. Er will damit sagen: Jesus ist der, der ganz neu von Gott sprechen wird.

Du beginnst dann die **Übung wie gewohnt:** In die Stille kommen und Gott begrüßen.

Dann benutzt du deine Phantasie und **stellst dir die Geschichte als „Film" vor:** Da stehen Leute zusammen; Jesus geht vorbei; Johannes schickt zwei Jünger hinter Jesus her; Jesus dreht sich um und redet mit ihnen; sie gehen mit ihm nach Hause.

Üb’ noch einmal **mit der gleichen Geschichte.** Wieder startest du damit, dass du sie erst zweimal liest.

Mit der Phantasie kannst du dir jetzt das erste Bild des Films vorstellen. Das kann so aussehen wie letztes Mal oder auch ganz anders.

Diesmal darfst **du mit der Phantasie in einen von den Jüngern hineinschlüpfen** und mit seinen Augen die Geschichte sehen. Versuch mal, ob das klappt.

Jetzt kann der Film losgehen:
Jesus geht **an dir** vorbei; Johannes schickt **dich** hinter Jesus her; Jesus dreht sich **zu dir** um; Jesus redet **mit dir.**

Üb' heute nochmal in der **gleichen Weise mit einer anderen Geschichte:** Mk 4,30–32 (das heißt: Markusevangelium, 4. Kapitel, Verse 30 bis 32).

Jesus erzählt vom Reich Gottes. Das Reich Gottes ist überall dort und immer dann, **wenn Gott für uns Menschen da ist.** Jesus vergleicht dieses Reich Gottes mit einem Senfkorn.

Da du vielleicht noch nie ein Senfkorn und eine Senfpflanze gesehen hast, kannst du dir auch eine Walnuss und einen Nussbaum oder eine Kastanie und einen Kastanienbaum vorstellen. Vielleicht habt ihr eine Nuss oder eine Kastanie zu Hause. Dann kannst du sie holen, betrachten und beim Üben in der Hand halten.

Mit der Phantasie kannst du dann Erleben, was Jesus erzählt: **Wie aus dem kleinen Samen** (der Nuss oder Kastanie) **ein Baum wird** und wie Vögel kommen und im Baum ihr Nest bauen.

Bei den Übungen hast du vielleicht immer mal wieder gespürt, dass Gott ganz nahe bei dir ist. In der Sprache der Bibel könnte man sagen: **Das Reich Gottes ist bei dir oder irgendwie „in“ dir.**

Heute kannst du wieder **mit der Phantasie beten.** Stell dir vor, dass das Reich Gottes bei dir oder in dir so wächst und groß und schön und stark wird, wie gestern der Baum.

Wenn man es genau überlegt, hast du die letzten Male etwas Seltsames gemacht. Du hast so getan, als würde das, was in der Bibel erzählt wird, mit dir passieren. Das Erstaunliche an Gott ist, dass er nicht nur früher und im Himmel da war. Sondern, dass **Gott genauso auch heute für dich da ist.**

Und es kommt sogar noch stärker. Gott ist es zu „langweilig", nur vom Himmel aus auf dich aufzupassen. Deshalb kommt er zu dir. Nicht zu Besuch, nein, **Gott kommt, um immer bei dir zu bleiben.** Er kommt als Freund oder Freundin, um bei dir zu wohnen. Das ist das Unglaubliche, was in der Kommunion geschieht.

Wenn du dir vorstellst: **Gott kommt zu dir – wie ist das?** Freust du dich? Oder kriegst du eher einen Schreck? Vielleicht kannst du es gar nicht recht glauben? Richtig verstehen kann man das nicht ...

Sag ihm doch einfach mal, **wie es dir damit geht.**

In der Kommunion kommt Gott zu dir, um bei dir zu wohnen. Obwohl er doch im Himmel wohnt. Natürlich kommt er nur, wenn du ihn lässt. Schließlich ist er kein Einbrecher.

Allerdings ist eure Wohnung zu klein, dass Gott hineinpassen würde. Es gibt nur einen **Ort, der groß genug ist: Das bist du.**

Du kannst heute üben, indem du dir diese Sätze langsam einige Male vor dich hin wiederholst: **„Ich bin der Himmel. Ich bin der / ich bin die, wo Gott wohnt.“**

1 **Du bist der Himmel, wo Gott wohnt.** Das passiert in der Kommunion. Nicht nur einmal, sondern immer wieder. Jetzt verstehst du sicher auch, warum die Erwachsenen dabei so viel Wert auf Ruhe legen und so seltsam ernst sind.

Du weißt, dass du Gott nicht immer gleich und ganz einfach spüren kannst. Bei der Kommunion ist das auch so. Da ist es gut, dass du geübt hast, **aufmerksam zu sein und zu warten.** Diese Übung kannst du jetzt gut brauchen.

Üb' heute deshalb noch einmal ganz sorgfältig, **auf Gott zu warten,** ob er sich entdecken lässt.

2 Natürlich ist die Kommunion auch eine gute Zeit, um Gott zu begrüßen und mit ihm zu reden. Deshalb ist da im Gottesdienst auch immer eine Zeit, in der nichts laut gesagt oder gesungen wird.

Überleg dir heute schon mal, **was dir dann am wichtigsten ist.** Ob du danke sagen willst oder um etwas bitten, loben oder jammern ...

Und auch in diesem feierlichen Moment gilt die Grundregel ganz vom Anfang: **Gott versteht dich am besten, wenn du mit ihm redest wie mit deinem besten Freund oder deiner besten Freundin.** Und er versteht auch sonntags nicht nur Hochdeutsch.

Nun war es endlich so weit. Ein Tag voll gestopft mit Ereignissen: der Gottesdienst, die Verwandten und Freunde, Mittagessen und Kaffee, Geschenke, Spiele. Wahrscheinlich gab es da von allem etwas: viele tolle Überraschungen, ein wenig Streit und Ärger, ein bisschen Enttäuschung, das Hochgefühl, dass du im Mittelpunkt stehst ...

Nimm dir heute die Übungszeit, um dich noch einmal **an den Tag deiner Erstkommunion zu erinnern.** So, als würdest du schon ein Fotoalbum anschauen.